ÍCONOS

★ ★ ★

AMERICANOS

El Juramento de Lealtad

Aaron Carr

Visita nuestro sitio **www.av2books.com** e ingresa el código único del libro.

Go to www.av2books.com, and enter this book's unique code.

CÓDIGO DEL LIBRO
BOOK CODE

G556695

AV² de Weigl te ofrece enriquecidos libros electrónicos que favorecen el aprendizaje activo.

AV² by Weigl brings you media enhanced books that support active learning.

El enriquecido libro electrónico AV² te ofrece una experiencia bilingüe completa entre el inglés y el español para aprender el vocabulario de los dos idiomas.

This AV² media enhanced book gives you a fully bilingual experience between English and Spanish to learn the vocabulary of both languages.

Spanish   **English**

Navegación bilingüe AV²
AV² Bilingual Navigation

CERRAR
CLOSE

INICIO
HOME

CHANGE LANGUAGE
ENGLISH SPANISH
OPCIÓN DE IDIOMA
LANGUAGE TOGGLE

CAMBIAR LA PÁGINA
PAGE TURNING

VISTA PRELIMINAR
PAGE PREVIEW

ÍNDICE

¿Qué es el Juramento de Lealtad?

El Juramento de Lealtad es la promesa de honrar la bandera de los Estados Unidos. Los estadounidenses hacen el juramento para demostrar que aman a su país.

Juro lealtad a la bandera

de los Estados Unidos de América

a la república

por la que se sostiene,

una nación, bajo Dios, indivisible,

con libertad y justicia para todos.

Un símbolo nacional

El Juramento de Lealtad fue escrito después de la finalización de la Guerra Civil. El juramento se convirtió en el símbolo de un país unido.

Hacer un juramento

El juramento fue escrito por un hombre llamado Francis Bellamy y se publicó en una revista en 1892.

9

El primer juramento

El Juramento de Lealtad fue enviado a todas las escuelas del país. Los niños hacían su juramento durante un acto especial.

Mirando a la bandera

Al hacer el Juramento de Lealtad, la gente mira a la bandera. Se solía saludar a la bandera con el brazo derecho.

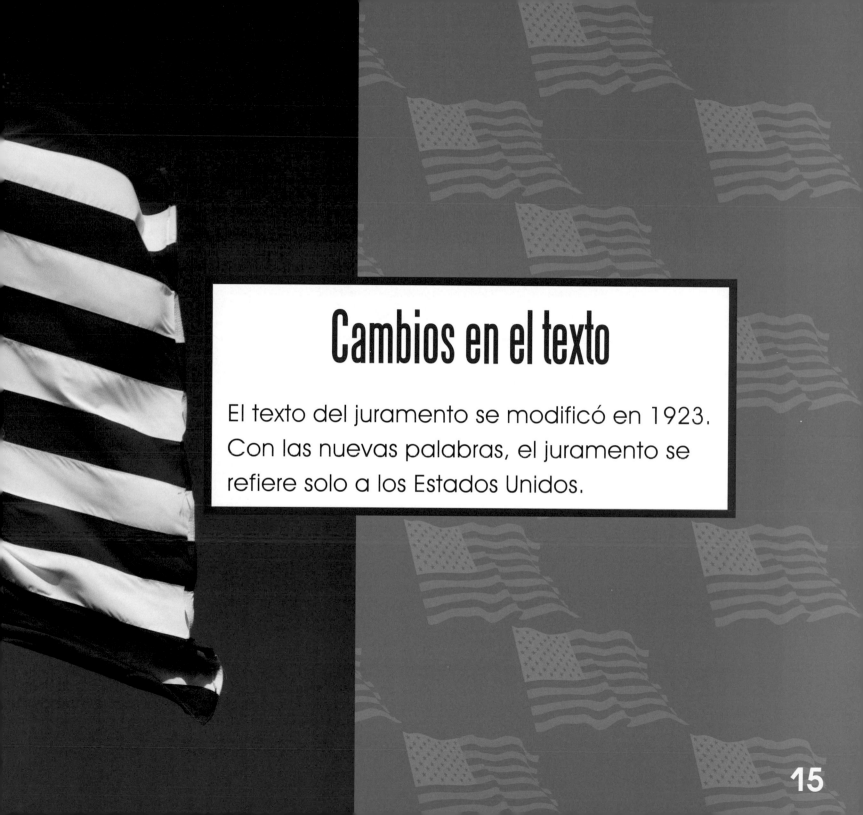

Cambios en el texto

El texto del juramento se modificó en 1923. Con las nuevas palabras, el juramento se refiere solo a los Estados Unidos.

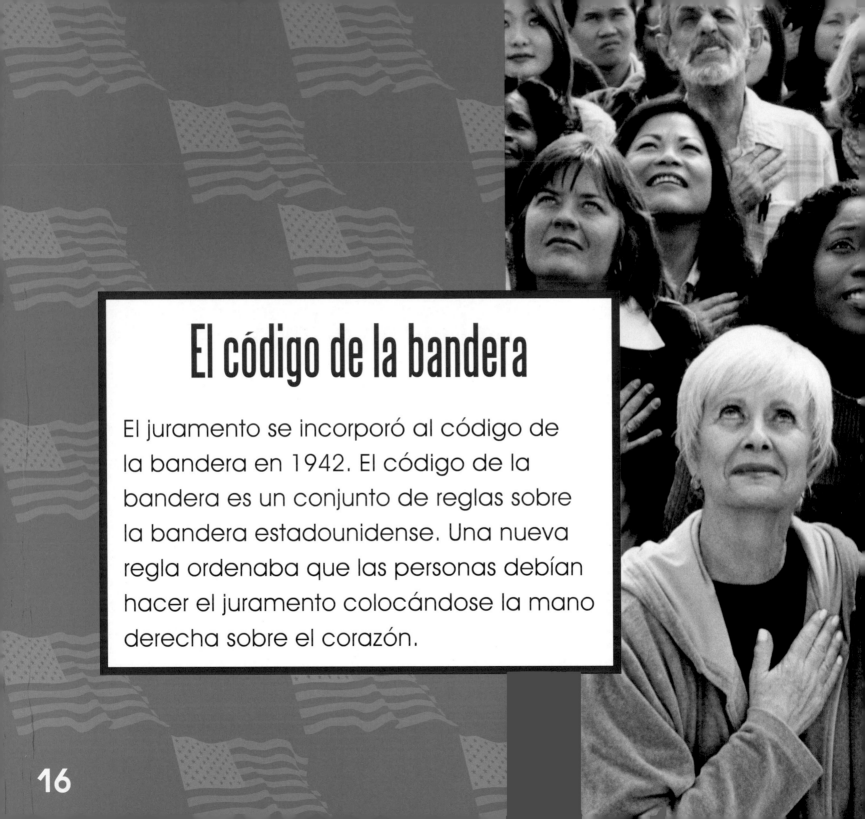

El código de la bandera

El juramento se incorporó al código de la bandera en 1942. El código de la bandera es un conjunto de reglas sobre la bandera estadounidense. Una nueva regla ordenaba que las personas debían hacer el juramento colocándose la mano derecha sobre el corazón.

18

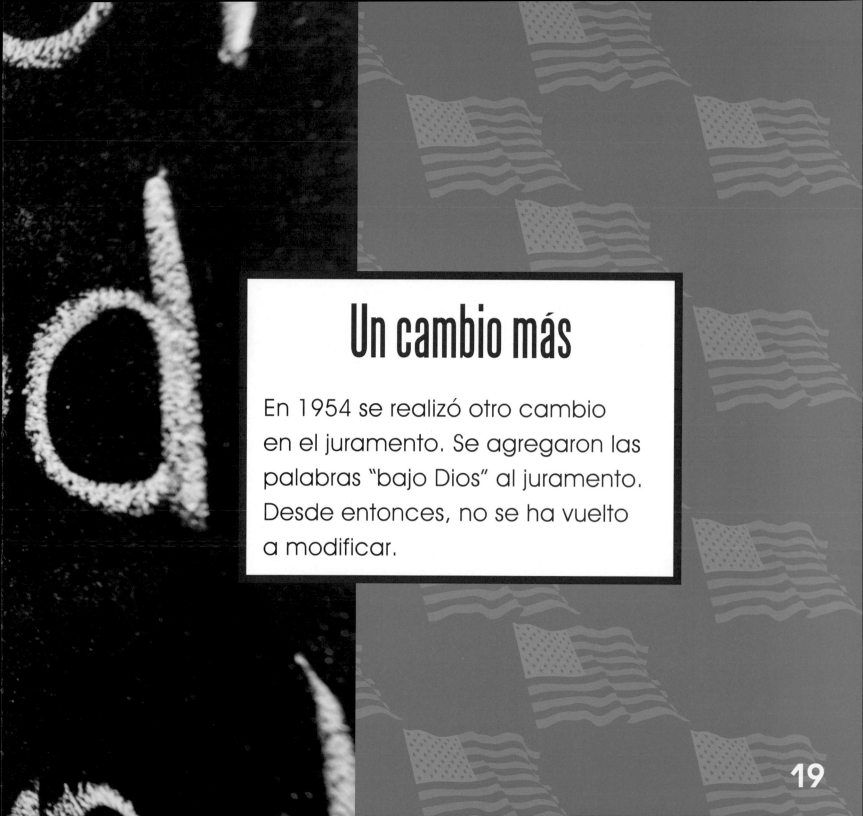

Un cambio más

En 1954 se realizó otro cambio en el juramento. Se agregaron las palabras "bajo Dios" al juramento. Desde entonces, no se ha vuelto a modificar.

El Juramento de Lealtad hoy

En la actualidad, la gente puede elegir si desea hacer o no el juramento. Todavía se hace en muchas escuelas del país. También se lo recita al comienzo de las reuniones gubernamentales.

21

DATOS SOBRE EL JURAMENTO DE LEALTAD

Estas páginas contienen más detalles sobre los interesantes datos de este libro. Están dirigidas a los adultos para que ayuden a los jóvenes lectores a redondear sus conocimientos sobre cada símbolo nacional presentado en la serie *Íconos Americanos*.

Páginas 4–5

¿Qué es el Juramento de Lealtad? El Juramento de Lealtad se creó como una muestra de patriotismo. La intención era que coincidiera con la conmemoración de los 400 años de la llegada de Cristóbal Colón al Nuevo Mundo. Se planificó un feriado nacional para octubre de 1892 para celebrar la ocasión, y el juramento sería parte del evento.

Páginas 6–7

Un símbolo nacional. Habiendo finalizado la Guerra Civil solo 27 años antes, el Juramento de Lealtad se convirtió rápidamente en un símbolo de la unidad nacional. También se lo reconoció como un breve resumen de las creencias fundamentales de libertad y justicia sobre las que se construyeron los Estados Unidos. Así, pronto el juramento pasó a ser un símbolo representativo de la nación y su gente.

Páginas 8–9

Hacer un juramento. El juramento fue escrito en 1982 por Frances Bellamy, un ministro bautista de Nueva York. En septiembre de ese año, se lo publicó en una revista llamada "The Youth's Companion", sin mencionar al autor. El hecho de no haber mencionado al autor originó un problema más adelante cuando Bellamy y el editor de la revista, James B. Upham, reclamaron su autoría. Después de una investigación, se declaró que el autor había sido Bellamy.

Páginas 10–11

El primer juramento. Los alumnos de las escuelas de todo el país hicieron por primera vez el Juramento de Lealtad en octubre de 1892. Como parte de la celebración nacional por el Día de la Raza, se recitó el juramento al unísono mientras se izaba la bandera estadounidense para finalizar las ceremonias. Las escuelas rápidamente adoptaron el juramento y pronto se convirtió en algo habitual en muchas de las aulas.

Mirando a la bandera. El Juramento de Lealtad debía ser hecho mirando a la bandera estadounidense. Había que pararse firme y extender el brazo derecho. La mano derecha debía estar abierta y el brazo levantado formando un ángulo recto. Este pasó a ser el Saludo de Bellamy, por ser el autor del juramento.

Cambios en el texto. En 1923, el texto del juramento se modificó por primera vez. Bellamy lo había escrito originalmente para que pudiera usarse en cualquier país, pero a los políticos les preocupaba que los nuevos ciudadanos pudieran decir el juramento pensando en la bandera de su antiguo país. Se solucionó cambiando "mi bandera" por "la bandera de los Estados Unidos". Un año más tarde, se le agregó "de América".

El código de la bandera. En 1942, el Juramento de Lealtad se incorporó oficialmente al Código de la Bandera de los Estados Unidos. Con la Segunda Guerra Mundial desarrollándose en Europa, los estadounidenses comenzaron a sentirse incómodos con el Saludo de Bellamy. Lo veían muy parecido al saludo que usaban sus enemigos, los nazis y los fascistas. Con la sanción del código de la bandera, el Congreso cambió el saludo.

Un cambio más. En 1954, se hizo un último cambio en el Juramento de Lealtad. Se le agregaron las palabras "bajo Dios", porque el gobierno de turno quería destacar que los asuntos del país eran guiados por Dios. El presidente Dwight Eisenhower promulgó el cambio el 14 de junio.

El Juramento de Lealtad hoy. El Juramento de Lealtad se continúa haciendo en todo el país, pero la gente tiene el derecho constitucional de elegir si hacerlo o no. Al menos 45 estados les dan a los alumnos un tiempo para que lo reciten en la escuela. Cada escuela, docente y alumno tiene el derecho de decidir si usar ese tiempo o no.

Published by AV² by Weigl
350 5th Avenue, 59th Floor New York, NY 10118
Website: www.av2books.com

Copyright ©2017 AV² by Weigl
All rights reserved. No part of this publication may be reproduced, stored in a retrieval system, or transmitted in any form or by any means, electronic, mechanical, photocopying, recording, or otherwise, without the prior written permission of the publisher.

Library of Congress Control Number: 2015954000

ISBN 978-1-4896-4269-1 (hardcover)
ISBN 978-1-4896-4270-7 (single-user eBook)
ISBN 978-1-4896-4271-4 (multi-user eBook)

Printed in the United States of America in Brainerd, Minnesota
1 2 3 4 5 6 7 8 9 0 19 18 17 16 15

Project Coordinator: Jared Siemens
Spanish Editor: Translation Cloud LLC
Designer: Mandy Christiansen

102015
101515

Every reasonable effort has been made to trace ownership and to obtain permission to reprint copyright material. The publisher would be pleased to have any errors or omissions brought to its attention so that they may be corrected in subsequent printings.

The publisher acknowledges Getty Images and iStockphoto as the primary image supplier for this title.